AF586793

Suite des Residences Memorables

D'EVGENE FRANCOIS

Duc de Savoye et de Piemont, &c.

Dixieme Partie.

Contenant les Appartements principaux du Batiment du bas du Jardin, et qui complette la neufieme Partie.

Le tout executé sur les Desseins et soins du Sieur Claude le Fort du Plessy, &c.

le tout levé et designé par le Sr. Salomon Kleiner, &c.

Et se trouve à Augsbourg chez les Heretiers de Jeremie Wolff.

MDCCXXXX

Avec Privilege de Sa Maj. Imperiale et Catholique.

Wunderwürdiges Kriegs- und Siegs-Lager

EUGENII FRANCISCI

Herzogen zu Savoyen und Piemont, &c.

Zehendter Theil.

Darinnen die Haupt Zimmer von dem vorhergehenden untern Garten Gebäude auf dem Rennweg enthalten sind, so durchgehends von Herrn Claude le Fort du Plesfy, &c. angegeben worden, und daselbst nach dem Leben gezeichnet durch Herrn Salomon Kleiner, &c.

Augspurg in Verlegung Ieremias Wolffs seel. Erben

MDCCXXXX.

Cum Gratia et Privilegio Sacræ Cæs: Maj:

Part. X.

Salomon Kleiner del. — Balthas. Sigmund Setlezki Sculpsit. 1

Grande Salle. — Sahl.

Cum Privileg. Sac. Cæs. Maj. — Hæred. Ieremiæ Wolffii excud. Aug. Vind.

2

Salle a manger. Tafel-Zimmer.

Salomon Kleiner I. El. M. del.   Cum Priv. Sacr. Caes. Maj.   Haered. Jerem. Wolffij excud. Aug. Vind.   Bernhard Hattinger Sculps.

Cabinet. Cabinet.

Sal. Kleiner J. El. M. del. Cum Priv. Sac. Caes. Maj. Haered. Jer. Wolffii excud. Aug. Vind. Joh. August Corvinus Sculps.

Chambre a coucher. Schlaff-Gemach. 4

Sal. Kleiner I. Fl. M. del. *Cum Pr. Sacr. Caes. Mai.* *Haered. Ier. Wolffij excud. Aug. Vind.* *Ioh. Jacob Grefsman Sculp.*

Cabinet peint. Gemahltes Cabinet. 5

Sal. Kleiner I. El. M. del. Cum Priv. Sacr. Caes. Maj. Haered. Ier. Wolffii excud. Aug. Vind. Ioh. August Corvinus Sculp.

6.

Antichambre peinte en crotesques. Gemahltes Vorgemach.

Sal. Kleiner I. Fl. M. del. — Cum Priv. Sacr. Caes. Maj. — Haered. Ier. Wolffij excud. Aug. Vind. — Iac. Gottlieb Thelott Sculp.

Part. X.

Salomon Kleiner del. | Iacob Gottlieb Thelott Sculps. 7

Gallerie en marbre . | Gallerie von Marmor.

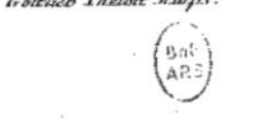

Cum Privil. Sac. Cæs. Maj. | Hæred. Ieremiæ Wolffij excud. Aug. Vind.

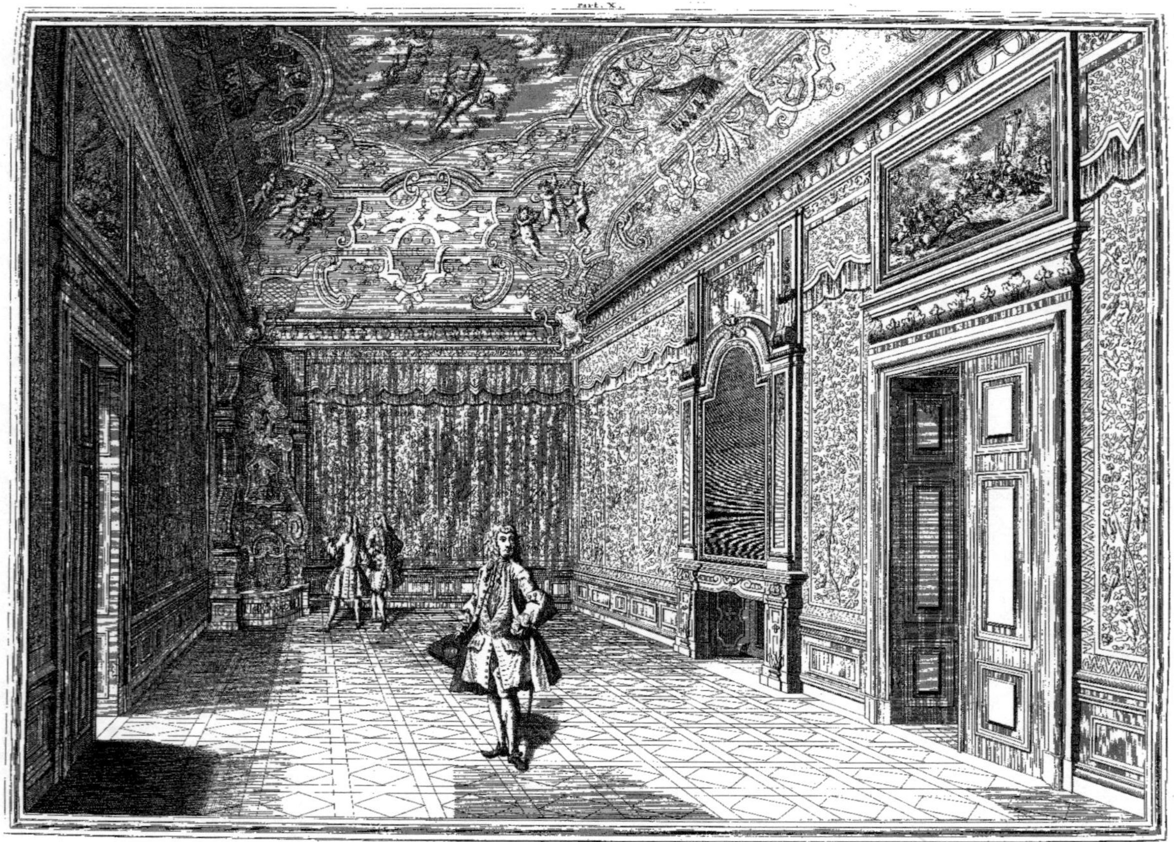

Chambre de Conversation. Gemach 8.

Sal. Kleiner I. El. M. del. Cum Priv. Sac. Cæs. Maj. Hæred. Jer. Wolffÿ excud. Aug. Vind. Joh. Jacob Großman Sculp.

Part. X.

9

Cabinet en Bibliotecque. Bücher-Cabinet.

Salomon Kleiner I. El. M. del. Cum Priv. Sacr. Caes. Mai. Haered. Ier. Wolffii excud. Aug. Vind. Ioh. August Corvinus Sculps.

www.ingramcontent.com/pod-product-compliance
Lightning Source LLC
LaVergne TN
LVHW052037160826
845678LV00003B/1404

* 9 7 8 2 3 2 9 6 1 9 1 4 9 *